Adolf Hausrath

Die Oberrheinische Bevölkerung in der deutschen Geschichte

Ein Vortrag

Adolf Hausrath

Die Oberrheinische Bevölkerung in der deutschen Geschichte
Ein Vortrag

ISBN/EAN: 9783743681644

Hergestellt in Europa, USA, Kanada, Australien, Japan

Cover: Foto ©Thomas Meinert / pixelio.de

Weitere Bücher finden Sie auf **www.hansebooks.com**

Die

Oberrheinische Bevölkerung

in der

deutschen Geschichte.

Ein Vortrag

von

Prof. A. Hausrath
in Heidelberg.

Heidelberg.

Verlagsbuchhandlung von Fr. Bassermann.

1871.

In dem Jahrhundert vor Christi Geburt, in dem der Oberrhein zum ersten Mal in's Licht der Geschichte tritt, ist er auf beiden Ufern, kleine Unterbrechungen abgerechnet, von den Kelten oder Galliern bewohnt. Die Grenze zwischen Kelten und Sueven oder Schwaben bildete nicht der Rhein, sondern der Schwarzwald und die obere Donau, so daß die heutige badische Grenze gegen Würtemberg ungefähr der damaligen keltisch-schwäbischen entspricht. Freilich muß dieses Grenzland schon zuvor Gegenstand des Kampfes zwischen Sueven und Kelten gewesen sein, denn mitten zwischen den Kelten treffen wir im Elsaß den Suevenstamm der Triboccen, bei Speyer die Nemeten, bei Worms und Mainz die Vangionen, was darauf deutet, daß der Kampf um den Rhein älter ist als die Geschichte selbst.

1

Geschieden durch Sprache, Religion und Sitte standen sich die Stämme diesseits und jenseits des Schwarzwalds gegenüber. Die Sueven nannten die Bewohner des Rheinthals die Welschen, die Kelten ihrerseits die Sueven Fremdlinge, alemanni, oder wie sie heute sagen les allemands.

Die damaligen Bewohner des Oberrheins theilten mit ihren gallischen Landsleuten jenseits der Vogesen die höhere Kultur, die sie vor den Sueven voraus hatten. Zwar war der Kelte, nach dem Urtheil eines kompetenten Richters, Julius Cäsars, minder tapfer und namentlich minder ausbauernd im Krieg als der Sueve, aber er war weiter gefördert in den Künsten des Friedens, er war rührig, die Sümpfe und Altwasser der Rheinebene abzuleiten und ihre Wälder zu lichten, er lebte in Dörfern und Städten und legte zum Schutz gegen schwäbische Ueberfälle befestigte Lager an, die, wie die Heidenmauern auf dem Odilienberg im Elsaß und bei Zarten im Schwarzwald beweisen, oft von stattlichem Umfang waren. Bergwerke und Glasöfen sind ihm nicht unbekannt, und seine Gräber schwatzen aus, wie gern er sich mit ehernem Schmuck und blanken Ringen behängte.

Weit hinter ihm zurück in den Grundbedingungen der Civilisation finden wir auch noch in den folgenden

Jahrhunderten den Sueven. Der Schwabe, ein harter Kopf, haßt den Zwang der Städte, und Jeder haust für sich in gesondertem Gehöfte. — In den Gewerben ist er zurück. Die Frauen spinnen die Gewänder, die Männer schnitzen Waffen und Geräthe, und so tapfer der Sueve im Kriege ist, im Frieden setzt er sich gern bequem und überläßt Ackerbau, Viehzucht und Handwerk den Hörigen und Schalken. Die Kunst der Schrift, die der Kelte kennt, geht ihm ab und ebenso die Bequemlichkeit der Münze. Seine Gaue waren nicht groß, und jeder Gau hatte seinen eigenen König der in stürmischer Versammlung der Freien gewählt ward und ohne sie wenig vermochte. Auch war der trotzige Freiheitssinn der Sueven minder von der Meinung des Priesters abhängig als der Kelte jenseits des Waldes von seinen Druiden.

Aber der unbeugsame Freiheitssinn des Schwaben ist gemildert durch ein tiefes, ahnungsreiches Gemüth, das träumerisch grübelt über den Flug der Vögel und den Lauf der Thiere, und sinnige Mythen weiß über den Grund der Welt und aller ihrer Erscheinungen.

Mit solchen Eigenschaften und Gewohnheiten waren weder Kelten noch Sueven danach angethan, dem Vordringen des römischen Reichs zu steuern. Bei den Kelten fehlte der nachhaltige Widerstand, bei den Sue-

ven die überlegene Kriegskunst; die Einigkeit mangelte
beiden. Schon im ersten Jahrhundert nach Christus
reicht die römische Provinz Rhätien bis zum Bodensee
und der obern Donau, und die Provinz Obergermanien
erstreckt sich über das von den Sueven verlassene Gebiet jenseits des Waldes. Mit der römischen Herr-
schaft am Oberrhein kommt eine höhere Civilisation,
und die Marmorbäder zu Baden, die Mosaikböden
zu Badenweiler, die mächtig gefügten Quaderbauten
zahlreicher römischer Anlagen beweisen, wie rasch man
von der werdenden Kultur der Kelten zu der auf ihrer
Höhe stehenden römischen gelangt war. Stetig und
unfehlbar scheint der Prozeß der Romanisirung zu
verlaufen. Wie jenseits der Vogesen, so weichen auch
diesseits die alten Dialekte der lateinischen Sprache.
Von den Lippen der Kolonen zu Ladenburg, Pforzheim,
Ettlingen fließt die Sprache Cicero's. Die Aussicht,
daß die oberrheinische Bevölkerung eine romanische werden würde, war damals die wahrscheinlichste; noch war
im sechsten Jahrhundert bei Konstanz die romanische
Sprache nicht verdrängt, wie sie ja in den weiter rück-
wärts liegenden rhätischen Thälern sich bis zur Stunde
gehalten hat. Da war seit dem Beginn des dritten
Jahrhunderts das Schwert der Sueven dazwischen getreten, die jetzt, in einen Bund geschaart, von den

Römern mit dem keltischen Namen A l e m a n n e n ge=
nannt werden. Mit unwiderstehlicher Wucht brechen
sie in ihr altes Erbe ein, werfen die prahlerische kel=
tisch=römische Civilisation auch diesseits des Schwarz=
walds nieder, und so ziehen sich im dritten Jahrhun=
dert die Völkerverhältnisse zu der Konfiguration zu=
sammen, die der Phantasie Frankreichs als die natür=
liche Grenze erscheint. Auf dem linken Ufer herrscht
das Kaiserreich, auf dem rechten die allemands, die
Schwaben. Allein der Rhein, so breit er auch damals
noch floß, als Grenze war er doch nur von mäßiger
Brauchbarkeit. War im kernhaften Winter die breite
Fläche gefroren, dann brachen die schwäbischen Wölfe
im Kaiserreich ein und benutzten die verkehrte Einrich=
tung der Städte und die zumal an Feiertagen gefüll=
ten christlichen Kirchen zu reichlichem Menschenraub.
Hatte dagegen römische Staatskunst die Uneinigkeit der
Schwaben klug benützt und die mächtigern Könige zum
Rheinbund gewonnen, dann war der Strom kein Hin=
derniß, und noch heute melden die Warttthürme auf
unsern Kastelbergen und Thurmbergen, wie um die
Mitte des vierten Jahrhunderts die Grenze lief, als
der kaiserliche Adler seine Fittiche nochmals über das
Rheinthal gereckt hatte. —

Da rief um 400 der Reichsverweser Stillko die

römische Rheinarmee zur Deckung Italiens und Grie=
chenlands gegen die Gothen ab, und sofort füllten die
Alemannen das ganze Rheinthal bis zum Kamm der
Vogesen, der ihrem geographischen Gefühl als die
von der Natur gewollte Grenze erschien. Es waren
dieselben drei Nationalitäten, Kelten, Schwaben, Ro=
manen, die nunmehr auf beiden Seiten des Rheins
berufen waren, zu einer oberrheinischen Bevölkerung
zusammen zu schmelzen. Aber es war doch von merk=
licher Bedeutung, daß das linke Rheinufer um so viel
früher und um so viel länger die römische Kultur er=
fahren hatte. Es blieb ein erheblicher Unterschied zwi=
schen dem stattlichen Städtewesen im Ueberrhein und
den bäuerlichen Verhältnissen des rechten Ufers, die
der Sueve mit seiner Abneigung vor solchen Menschen=
pferchen sich nach seiner Weise zurechtgeschnitten hatte.
Keine der ansehnlichen Römerstädte auf diesem Ufer,
weder Lupodunum (Ladenburg), noch Aquae Aureliae
(Baden), noch Brisiakus (Breisach), noch Tarodunum
(Zarten), noch Sanktio (Säckingen), haben die Bedeu=
tung von Basel, Straßburg, Speyer, Worms und
Mainz erlangt. Dazu kam, daß jenseits das Christen=
thum zwar zurückgedrängt, doch nicht gänzlich ausge=
rottet wurde, denn aus den Vogesenklöstern, sowie aus
Straßburg, Speyer und Worms drang es neuerdings

zum rechten Ufer vor. Vor Allem aber ist auch der Ueberschuß an keltisch-romanischem Blut in Temperament, Gewohnheiten und Lebensweise auch · im Mittelalter, namentlich in der größeren Regsamkeit der dortigen Städter, erkenntlich.

Zu dieser Scheidung der Gewohnheiten beider Ufer fügte aber die Geschichte eine weitere Scheidung in Nord und Süd.

Nicht erst die politische Theilung in den letzten Jahrhunderten hat es gemacht, daß der badische Oberländer und Pfälzer und der Elsässer und Rheinbaier sich in Sprache und Denkweise so beträchtlich scheiden, sondern auch hier liegen Stammestheilungen zu Grunde. Zu den drei Ingredienzien der oberrheinischen Bevölkerung, Kelten, Romanen und Schwaben, sollte, nach dem Intermezzo der Burgunderzeit, in dem fränkischen Stamm noch ein viertes hinzukommen von gröberem Korn und härterem Stoff.

Aus jenen kriegsberühmten norddeutschen Stämmen, vor denen Rom mehr als vor den Sueven gezittert hatte, aus den Cheruskern, Sigambrern, Chatten, war der Bund der Franken hervorgegangen, der bei dem Niedergang Roms Belgien und Nordgallien an sich riß. Aber der Feindschaft mit Rom war lange Freundschaft vorangegangen. Die Franken hatten von

Rom gelernt, sie hatten die keltisch=römischen Volks=
theile nicht zu Hörigen und Schalken heruntergedrückt
wie die Alemannen, sondern sie unter sich aufgenom=
men, ihre Sprache sich angeeignet und hatten so an
Bildung und Sitte, vor allem aber an staatlicher Ent=
wicklung gewonnen. So konnten die aus weicherem
Stoff geformten und in ihren primitiven Verhältnissen
zurückgebliebnen Alemannen den Kampf mit den Fran=
ken nicht bestehn. Schon zu Ende des fünften Jahr=
hunderts nahm ihnen der Franke Chlodwig alles Land
ab, was auf dem rechten Rheinufer nördlich von der
Murg und Oos und auf dem linken Ufer nördlich
vom Hagenauer Forst gelegen war. Fränkischer
Adel und fränkisches Landvolk, fränkischer Klerus und
fränkisches Recht hielten ihren Einzug in den eroberten
Provinzen, und so erwuchs jene Viertheilung der ober=
rheinischen Bevölkerung, die noch heute Pfälzer und
Alemannen, Rheinbaiern und Elsässer scheidet, und daß
der Elsaß vom Reich abbröckelte, während ihm Rhein=
baiern erhalten blieb, hat vielleicht auch darin seinen
Grund, daß im Süden der Zusatz gröberer Stoffe
fehlte. —

Freilich unterwarf auch der Rest der Alemannen
sich im Jahre 536 den fränkischen Herrschern, aber
durch Vertrag, nicht durch Gewalt. So retteten

die südlichen Landestheile ihre berechtigten Eigenthüm-
lichkeiten. Sie lebten noch bis in's siebente Jahrhundert nach ungeschriebenen Gesetzen, sie opferten auch
fernerhin ihre Pferde Wodan und Donar und tran-
ken bei den Götterfesten von der Pferdebrühe. In den
Kriegen gegen Italien plünderten die Alemannen die
Kirchen, in denen ihre fränkischen Mitstreiter gebetet,
auch brauchten sie nur auf je drei Monate Heeresfolge
zu leisten, war der Krieg bis dahin nicht beendet, so
mochte der Heerkönig sehen, wie er ohne sie fertig wurde.

Aber bei dem Allem hat doch auch hier sich der
Segen der Freiheit bewährt. Im Gefolge der fränkischen Heere zog das Christenthum in die nördlichen
Gebietstheile als gebotene Ordnung ein, aber erst jenseits der Murg, wo am Wodansberg bei Baden die
Engelskanzel und Teufelskanzel sich gegenüberstehn, be-
richtet die Sage von geistigen Kämpfen, in denen die
guten und bösen Mächte um die Seelen der Alemannen sich stritten. Große Privilegien und Güter hatte
auch über die Klöster Weißenburg und Lorsch die frei-
gebige Hand der fränkischen Könige ausgeschüttet, aber
der duftige Sagenkranz, der sich um die Klöster Fri-
dolin's und Kolumbans webt, die Poesie, die das
Haselkreuz des heiligen Gallus, die Waldklöster von
Trudbert und Landolin und das Inselkloster des

heiligen Pirmin zu Reichenau umschlingt, diese Poesie
konnte nur entspringen aus der Erinnerung an ernste,
die Gemüther ergreifende Geisterschlachten, wie sie hier
von kühnen Aposteln geschlagen worden waren, nicht
aus der nüchternen Reorganisation des religiösen Wesens, mit der die fränkischen Sendgrafen das Land
nördlich von der Murg auf dem Wege des Zwangs
heimgesucht hatten. Wie schwer aber solche ideale
Werthe wiegen, das zeigt die große Bedeutung, die
zumal St. Gallen und Reichenau vor allen andern
geistlichen Anstalten des Oberrheins gewonnen haben
und die das Hauptband wurden, durch das die alemannische Bevölkerung mit dem fränkischen Staat forthin
zusammenhing.

So hatte sich die oberrheinische Bevölkerung zu-
sammengefunden, deren diesseitige Hälfte sammt den
rheinischen Bischofssitzen um das Jahr 843 durch den
Vertrag von Verdun, deren linksrheinische Hälfte
bis zur Mosel im Jahr 870 durch den Vertrag von
Merfen in das deutsche Reich eintrat.

Diese Vorgeschichte des Oberrheins muß man im
Auge behalten, um zu verstehn, wie in dieser Bevölkerung Eigenschaften, die sonst sich fliehen, hart an-
einanderstoßen und in buntem Spiele durcheinander-
wirken. Wie der Naturforscher beobachtet hat, daß nach

langen Kreuzungen der Arten plötzlich wieder Indivi=
duen hervortreten mit der scharf ausgeprägten Eigen=
thümlichkeit des einen Stammvaters, so kochen in die=
ser Bevölkerung keltisches, schwäbisches, romanisches
und fränkisches Blut durcheinander, um dann je und
je bewegliche Kelten und träumerische Alemannen, grob=
körnige Franken und heißblütige Romanen aus sich
herauszusetzen. Ja es ist oft, als ob gerade in dieser
Friktion jedes Element seine Eigenart in gesteigerter
Einseitigkeit entwickelt hätte. Neben dem sinnigen und
träumerischen Wesen des alemannischen Stamms steht
die unermüdliche Oppositionslust keltischer Art, der
kecke, stets lebendige Widerspruchsgeist, die lärmende
Spottsucht der rheinischen Kinder. Von dem leichtfer=
tigen Gottfried von Straßburg bis zu dem mutterwi=
ßigen Verfasser des Simplicissimus, einem Sohn des
Renchthals, haben fast alle namhaften deutschen Sa=
tyriker dem Oberrhein angehört. Im Ganzen geht es
hier lärmender, geräuschvoller zu als irgend wo sonst
in Deutschland, und doch ist dieses Rheinthal auch wie=
der die Heimath der deutschen Mystik, des geheimen
Konventikelwesens, der Stillen im Lande, in denen
der grübelnde, träumerische Sinn der Alemannen um
so entschiedener wieder durchschlägt.

Die rasche Fassungsgabe, die den Rheinländer

vor dem schwerfälligen Schwaben auszeichnet, stellt sich in der Literatur und Kirchengeschichte des Mittelal= ters schon chronologisch vor's Auge. Es fehlt nicht viel, so sind alle Namen, die Deutschland zur Geschichte der Kultur im neunten und zehnten Jahrhundert bei= trägt, hier am Oberrhein zu suchen.

Aus den Palästen der Höfe und den Domschulen der Bischöfe zogen sich gegen Ende des neunten Jahr= hunderts, zumal aber seit den stürmischen Zeiten des saeculum obscurum die Studien in das stille Thal von St. Gallen und das friedliche Eiland der Augia dives zurück. Durch Gebirge vor den Anfällen der Feinde und durch die reinere Sitte des Hochlands vor innerer Entartung geschützt, erhielten sich zu St. Gallen die guten Traditionen der alten englischen Klöster, nach deren Vorbild die unsern gestiftet waren. Flüchtige Schotten siedelten die friedlichen Bestrebungen hier an, die die Normannen aus England und Schottland ver= scheucht hatten, und von hier pflanzte sich der Geist der Wis= senschaft auch nach Reichenau fort, das die Handschrif= ten des befreundeten Klosters abschrieb und in Prosa und Versen mit den Brüdern von St. Gallen wetteiferte.

Noch unter Ludwig dem Frommen hatte hier Wa= lafried Strabo geblüht, dessen Glossen zur heiligen Schrift verrathen, wie fleißig der geistvolle Mönch am

Ufer des blauen Sees die Kirchenväter gelesen, deſſen
Geſchichte des heiligen Gallus bezeugt, wie oft ſein
Auge den breiten Rücken des Sentis mit liebendem
Blick geſucht, deſſen glatte Hexameter mit dem eintöni=
gen Plaudern des Sees um die Wette getönt, und deſſen
Räthſel die Brüder im Refektorium zu heiterem Spiele
des Witzes erregt haben mögen, und der, ein Dante
des neunten Jahrhunderts, das Purgatorium durchwan=
derte, um die Qualen derer zu ſchauen, die man auf
Erden groß genannt hatte. An ihn reiht ſich um die
Wende des Jahrhunderts ein Salomo III. von Kon=
ſtanz, deſſen politiſche Elegien die Lage des Reichs be=
klagen, und dem Sang vom See antwortete heller Wie=
derhall von der Alp St. Gallens, wo zwei Notker und
verſchiedene Ekkeharde in Kirchenliedern und Helden=
geſängen wetteifern.

Aber auch Rhein abwärts glänzt vor andern ein
Name, Otfried von Weißenburg, der Dichter des
Kriſt, der ſeinen heiligen Sang ertönen ließ, um ſei=
nen Elſäſſern die rohen Gaſſenlieder abzugewöhnen und
der, kein Freund der welſchen Sprache, wünſchte

„thaz wir Kriſte ſungun
in unſera zungun".

So viel als dieſe Namen wiegen, bedeutete der
Oberrhein für die Anfänge der Kultur im deutſchen

Reiche, und wenn damals ein deutscher Klerus heran=
wuchs, dessen Sehnsucht sich der alten Heimath des
Lichts und den Idealen der klassischen Welt zuwandte,
der sich nicht mehr bloß an den barbarischen Gesängen
von Hildebrand und seinem Sohn Hadubrand ergötzte,
sondern auch ein Ohr hatte für die rauschenden Ka=
renzen eines Cicero, und selbst versuchte, den Wohl=
klang Virgil'scher Hexameter stammelnd nachzubilden,
nun die genannten Gelehrten des Oberrheins sind es,
bei denen er in die Schule gegangen war. Freilich, daß
gerade in diesem Garten am Oberrhein so seltne Blu=
men blühen, liegt mit auch daran, daß die Rosse der
ungrischen Heiden hieher doch nicht so oft die Steige
fanden wie nach Baiern und Schwaben, und daß kein
Schiff der Normannen vor Reichenau Anker warf. Denn
der Oberrhein war damals, was er selten in der Ge=
schichte gewesen ist, eine umfriedete Stätte, auf der
alle friedlichen Bestrebungen gedeihen konnten.

Das Beste hat dabei doch jene keltische Beweg=
lichkeit und die glückliche Gabe des Grenzvolks gethan,
sich rasch in eine fremde Kultur hinein zu denken,
während der Schwabe erst langsam seine originale
Kultur sich selber schuf.

Aber nicht nur die größere geistige Regsamkeit und die
gewandtere Beherrschung der Form brachte das Volk

zwischen Schwarzwald und Vogesen als keltische Mit=
gift in die deutsche Geschichte, sondern auch die größere
Ehrfurcht vor dem Priesterthum. Mag es mit jenem
hierarchischen Zug in der Natur des früheren Stamms
zusammenhängen, oder mag es dankbare Erinnerung
daran sein, daß der Oberrhein seine erste Kultur von
den ehrwürdigen Stätten am Sentis, im Schwarz=
wald und den Vogesen erhalten habe, nach denen jetzt
alle Alemannen wallfahrteten, Thatsache ist, daß ein
streng kirchlicher, ja klerikaler Geist diese Bevölkerung
in den nächsten Jahrhunderten beherrschte. Die Pfaf=
sengasse nannte man im Reich dieses Thal, in das sechs
Bischöfe und zahllose Klöster sich theilten, und wo das
Schwert des Geistes am ersten und entschiedensten den
weltlichen Arm entwaffnete. — Eine gefürchtete Stätte
war zumal die Kanzel von Konstanz, die einen Arnulph
von Kärnthen und Karl den Dicken in ihren Ehebän=
deln schreckte, auf die Ludwig das Kind und Konrad
I. sich stützten, von der dem deutschen Volke der vom
Himmel gefallene Brief zuerst verlesen ward, der ihm
den Gottesfrieden einschärfte. Hier konnte einer gläu=
bigen Bevölkerung ein Tausch erträglich scheinen, in
dem sie ihre helvetischen Brüder an Burgund verlor,
um dafür die heilige Lanze und die Nägel von Gol=
gatha als Gegengabe einzutauschen. Durch die ober=

rheinischen Bischöfe vornehmlich sind alle Sorgen und
Schmerzen des Pabstthums zu Sorgen und Schmerzen des Reichs geworden. Die Bischöfe von Konstanz,
Straßburg, Worms und Mainz, die Herrn von Schwaben und Zähringen waren der engste Rath, der den
phantastischen Knaben Otto III. immer wieder über
die Alpen begleitete, während in der Heimath, zum
Verdruß des sächsischen Adels, die Schöpfung Otto
des Großen an den Nordmarken des Reiches zerfiel.
Das Reich hat diese Politik hart gebüßt, und der Oberrhein, was hat er dabei gewonnen? Daß ein Glied
des Kraichgauer Adels als erster deutscher Pabst den
Stuhl zu Rom bestieg, daß Synoden zu Speyer und
Mainz vom Pabste selbst präsidirt, Reichenau und Konstanz mit seinem Besuche beehrt wurden, daß die Kai-
serin Adelheid zu Selz bei Rastatt ihr Wittwenasyl
suchte, und Graf Berthold von Zähringen in's Kloster
ging aus Gram über die Schandthaten, die man im
Namen des rechten Pabsts dem Schismatiker zugefügt —
das war die ganze Summe unserer Vortheile. Aber
jene feste Stellung zu Rom hat sich damals herausge-
bildet, die der Oberrhein von da ab das ganze Mittelalter hindurch entschieden aufrecht erhielt.

Mit dem Ende des elften Jahrhunderts begannen
jene gewaltigen Kämpfe zwischen Kirche und Staat, in

renen es sich um nichts Geringeres handelte als um
die Frage, ob Theokratie oder weltliche Ordnung die
Lebensform der abendländischen Gesellschaft werden
solle? Die Kirche will sich herauswinden aus der Um=
armung des Staats. Bischof und Abt, die Söhne des
Himmels, sollen von der Lehenspflicht gegen die Söhne
der Welt entbunden werden und doch alle die Lehen
behalten, die man in den letzten Jahrhunderten den
geistlichen Herrn um so lieber übertragen hatte, als
sie in ihrer Hand wenigstens nicht erblich werden konn=
ten, sondern für den Fall der Erledigung dem Kaiser
zur Verfügung blieben. Ein Drittel des Reichs war
aus diesem Grunde der geistlichen Hand zugewendet
worden, da erhob Gregor VII. den ungeheuern Anspruch,
daß alle diese Lehen im Eigenthum der Kirche ständen.
— Die Kirche wird sie vergeben und dem Träger
wird die Leistung des Lehenseids an den Kaiser unter=
sagt. — .

Dank der Energie des sächsischen Hauses, der
Plantagenets, eines heiligen Ludwig, ganz ist diese
maßlose Forderung doch nicht durchgesetzt worden, durch
die das halbe Abendland eine Pfründe der Kirche ge=
worden wäre; aber dafür daß sie in Deutschland we=
nigstens gelte, hat der Oberrhein seine besten Kräfte
eingesetzt. Es half Heinrich IV. nichts, daß er die

2

oberrheinischen Bisthümer zuvor weislich mit Sachsen und andern Freunden seines Hauses besetzt hatte. Ueber die Häupter der bischöflichen Fremdenlegion hinweg reichten Volk und Adel dem Pabstthum die Hand. Geführt von den Aebten von Schaffhausen, St. Bla= sien und Hirsau führten sie den Krieg des Pabstes. — Ihre Fürsten Rudolph von Schwaben, Welf von Bay= ern, Berthold von Zähringen und sein Bruder Geb= hard, des Pabstes Legat, waren die Rufer im Streit. Ja selbst dann, als Gregor VII. einlenkte, erneuerte Gebhard auf eigene Faust den Bann und riß die Kirche nochmals in diese heillosen Strudel. Der glei= chen oberrheinischen Liga steht Heinrich V. gegenüber, bis das Konkordat von Worms den Streit vertagt. An den gleichen Herrn hat der Pfaffenkönig Lothar seinen Halt, den er dem Zähringer mit Burgund bezahlt, und unter Barbarossa steigert sich der Gegensatz der oberrheini= schen Politik gegen die der Staufen sogar bis zum Bündniß der Zähringer mit Frankreich, ein Rheinbund, den Heinrich der Löwe mit dem Schwert durchhaut und den die Stadt Mainz mit dem Makel langjähriger In= famie bezahlte.

Ganz dieser Stellung des Oberrheins im Investi= turstreit entsprechend war sein Antheil an der andern großen Bewegung des Mittelalters, an den Kreuzzügen.

Das Trugbild des Ruhms, das den Franzosen heute als Trikolore erscheint, die über dem Pulverdampf erstürmter Schanzen flattert, stellte sich ihnen damals als Kreuzesfahne dar, wehend über den Kuppeldächern der Moscheen. Dieser Wahn, geboren aus dem langen Kampf mit den spanischen Söhnen des Propheten und verbündet mit dem religiösen Interesse an der großen Reliquie des heiligen Landes, von deren Besitz man sich hundertfachen Segen versprach, hatte es fertig gebracht, daß die weltliche Stimmung der Provence umschlug in den Bußeifer der Kreuzzüge. Als aber das dioslo volt aus Frankreich herüberschallte, antwortete in Deutschland ein tiefes Schweigen. — Nur der grelle Aufschrei der rheinischen Judenschaft bezeugt, wo der Funke gezündet. Zwei deutsche Namen ragen in der Geschichte des ersten Kreuzzugs hervor. Sie gehören dem Oberrhein an. Der Priester Gottschalk und der Graf Emiko von Leiningen, die ihren Kreuzzug mit der Erstürmung aller Synagogen und Judenstraßen von Straßburg bis Mainz eröffnen. Ausgesprochner noch ist die Stellung des Oberrheins zum zweiten Kreuzzug. Als der heilige Bernhard den sächsischen Großen seine thränenreiche Aufforderung zum zweiten Kreuzzug zusendet, erhält er die barsche Antwort, sie hätten die Heiden näher als

2*

in Syrien, aber am Rhein bezeugt zum zweiten Mal
der Feuerschein über Straßburg, Speyer, Worms und
Mainz, wie die Massen, gehetzt vom Priester Radulf,
es eilig haben mit dem Kampf gegen die Ungläubigen.
Weislich hat darum Bernhard von Clairvaux sich seines
Auftrags, auch die Deutschen zu gewinnen, hier am
Rheine entledigt, wo er der entzündlichen Menge ge=
wiß war. Zu Hause übten ein Abälard und Beren=
gar an den Wundern des Heiligen ihre spöttischen
Zungen, hier aber, wo die Menge gerührt in Thränen
zerfloß vor der lateinischen Predigt des Abts, von der
sie keine Silbe verstand, da bezeugten zahllose Krüppel
und Kranke zu Konstanz, Kippenheim, Ettenheim, Frei=
burg, Krozingen und Schliengen die Wunderkraft, die
ausstrahlte von dem Gewande des Heiligen und die
erst erlosch, als er auch im Thurgau und in Zürich
den trocknen Sinn der Schweizer für das unproduktive
Geschäft eines Kreuzzugs meinte begeistern zu können.

Auch König Konrad III. hatte, treu den anti=
päpstlichen Traditionen des staufischen Hauses, die Be=
theiligung am zweiten Kreuzzug abgelehnt. Aber
es ist gefährlich, sich in die Mitte eines schwärmenden
Volkes zu wagen. Als er zu Speyer erschien, wohin
der gesammte Adel des Breisgau und zahlreiche Kreuz=
träger des linken Rheinufers zum Reichstag strömten,

als er im Dom der glühenden Andacht der Menge
gegenüber stand, und nun plötzlich der Heilige auf der
Kanzel mitten in seiner grellen Schilderung des jüng=
sten Gerichts sich an ihn persönlich wandte, als er ihm
vormalte, wie er an jenem Tage arm, nackt und blos
hintreten werde vor den Richterstuhl Christi und wie
der Herr ihn anschauen werde mit seinen feurigen
Augen und sprechen werde: „Oh Mensch, was hätte
ich dir noch thun sollen und habe es nicht gethan?" Als
er ihm einzeln alle Wohlthaten aufzählte, die Gott
dem armen Herzog von Staufen erwiesen habe von
Kindesbeinen an, bis er ihn auf diese Höhe stellte,
da ergriff der Geist, der über diesen Massen schwebte,
auch den König und in Thränen aufgelöst rief er:
„Ich will, ich will!" Mächtig wiederhallten jetzt Dom
und Rheinthal von dem Jauchzen der Menge, aber
dem greisen Vater des Königs, dem alten Herzog von
Staufen, brach das Herz, als man ihm die unselige
Kunde brachte.

Immer mehr hatte es so in der Blüthezeit
des Mittelalters den Anschein, als ob das heitere,
sonnige, rebenumkränzte Land am Oberrhein ein
geistlich Gebiet, eine unumschränkte Domäne der
Kirche werden wolle. Zu Straßburg ließen sich die Do=
minikaner nieder und der finstere Orden errichtete hier

sein erstes Inquisitionstribunal, das nur in all zu
großem Umfang seine düstre Blutarbeit begann, und
in trauriger Monotonie wechselt mit den Auto da Fé's
der Ketzer die Verbrennung der Judenhäuser. Nament=
lich der Judenmord wird ein stets wiederkehrendes
Uebel dieser Gegend, und in den Pestjahren im 14.
Jahrhundert werden solche Hekatomben geschlachtet,
(in Straßburg im Jahr 1349 neunhundert Juden auf
ein Mal), daß Kaiser und Reich die oberrheinischen
Städte ernstlich bedrohen müssen, dem Unfug zu steuern.
Rechnet man schließlich hinzu, daß auch die Schwärmerei
der Geißlerzüge hier am schlimmsten gewüthet und am
längsten gedauert, und in welchem Maß von Straßburg
her, wo die Epidemie der heiligen Tänzer ihren Namen
Veitstanz erhielt, auch dieses Uebel das obere Rhein=
thal durchseuchte, so kommt man unwillkürlich zu der
Frage, wie es doch nur gekommen sein mag, daß eine
so lebenslustige, eine über Heiliges sich gelegentlich kecker
als andere hinwegsetzende und vor Allem eine so frei=
heitsdurstige Bevölkerung wie die des Rheinthals, sich
so gänzlich in's kirchliche Joch spannen konnte? Allein
die Antwort auf diese Frage ist einfach die, daß es
gerade dieser Freiheitstrotz war, den die Kirche mit
jederzeit gleichem Erfolg gegen die weltliche Ordnung
ausspielen durfte. Es ist ein trostloser Anblick, wie

die theologische Intrigue, das lebhafte Temperament
dieser Bevölkerung und ihr tiefgewurzeltes Bedürfniß,
täglich einen neuen Gegenstand zu umlärmen, ausbeu=
tet, indem sie den rothen Lappen stets da aufhängt,
wohin sie den Stoß zu leiten wünscht, und wie sie diese
Bevölkerung lenkt, eben am Bande ihrer unermüdlichen
Oppositionssucht.

Allein neben dieser lärmfrohen Lebhaftigkeit, der
es nicht wohl war, wenn nicht stets irgend ein Feuer=
chen brannte, lag doch auch wieder ein Tropfen aleman=
nischen Tiefsinns in dieser Bevölkerung und zudem
ein gutes Stück keltischer Unbeständigkeit, die die Kirche
ihres Besitzes doch nicht froh werden ließ. Gerade
in dem Thal zwischen Basel und Worms beginnt das
geheimnißvolle Murmeln und Flüstern manichäischer Kon=
ventikel. Verfolgt von den Spürhunden der Inquisition
schleicht der Waldenser als Nadelverkäufer und Kessel=
flicker von Stadt zu Stadt und sieht die Bibelleser
und bringt ihnen „das gute Buch,“ die noble leyzon
und andere evangelische Traktate. Winkler, Ortlieber,
Gottesfreunde finden es nicht mehr tröstlich in großen
Städten zu wohnen und doch sitzt Einer der Ihren im
Rath von Basel, und selbst auf den Kanzeln des Ober=
rheins werden befreundete Geister laut. Es ist das
alemannische Gemüth, was aus dem Lärm der keltischen

Brüder sich sehnt nach dem Frieden des himmlischen Freudenthals. Das Heimweh nach der Zeit, da der Alemanne im Waldthal für sich hauste, spricht aus den tiefsinnigen Predigten des Dominikaner Eckart, zittert nach in den zärtlichen Allegorien des Tauveler zu Straßburg, und als der beredte Mund der beiden Straßburger sich schloß, da lauscht die Welt entzückt den Worten des Heinrich Seuse in Konstanz, des Min- nesängers unter den Predigern, der sich die „Minnerin Christ" und „Jesus Amanda" erwählt hat, und die bräutliche Stimmung seiner Seele und sein warmes, liebeglühendes Herz auf der Kanzel ausströmt.

Diese milden Weisen verstummen freilich bald wieder in dem Konzert schreiender Leidenschaften, das mit dem Pabstthum von Avignon und dem Schisma des 14. Jahrhunderts auch in diesen Gebieten anhebt. Größerer Wirwarr ist nie in der Welt gewesen, als seit den Tagen von Avignon. Das heilige römische Reich im Interdikt durch lange, lange Jahre. Dann zwei Päbste, zwei Erzbischöfe von Mainz, zwei Bischöfe von Speyer, zwei Bischöfe von Konstanz. Schließlich gar drei Kaiser und drei Päbste. — Es läßt sich denken, wie das, was alle Welt entzweite, hier wirken mußte, wo die geistlichen Gebiete so hart aufeinander gepackt waren. Zwischen Nachbarstädten ward der Verkehr

eingestellt, kein Basler durfte den Breisgau, kein Breis=
gauer Basel betreten. Denn noch meinte es jeder
Theil vollkommen ehrlich mit seinem Pabste. Feier=
lich verwahrte sich Ruprecht von der Pfalz gegen den
Beschluß von Pisa, daß ein Konzil über dem Pabste
stehe. Gegen die Reformbestrebungen Sigismunds
bieten Herzog Friedrich von Vorderöstreich und Mark=
graf Burkhardt von Baden dem unwürdigen Pabste
Johann XXIII. die Hand, aber auch die Bevölkerung
steht den Tiraden der französischen Reformer eben so
fremd gegenüber wie der glühenden Andacht der Böhmen.
Theilnahmlos sehen die Konstanzer die Mißhandlung
Husens in ihrem Dom und die sancta simplicitas
trägt eifrig Holz herzu zu dem Scheiterhaufen, zu dem
ihr Bürgermeister den Märtyrer geleitet hat. Dafür
leihen Schaffhausen und Breisach dem flüchtigen Schelm
Johann XXIII. ihre Hand, und in Freiburg wird der=
selbe sogar mit feierlicher Prozession empfangen und
nach dem Dominikanerkloster geleitet. Dennoch ist es
gerade bei dieser Gelegenheit, daß eine Strömung immer
merklicher wird, die von den Schweizer Bergen her=
über weht. Schon die Begleiter des heiligen Bern=
hard hatten Klage geführt über den populus durissi=
mus, der zu Säckingen wohne, und an dem, gerade
wie an den Schweizern, alle Wunder des Heiligen ver=

geblich gewesen seien. Beim Interdikt bringen die
Basler die Losung auf: „Singen oder Springen,“ der
Priester, der die Messe weigert, muß wandern, und der
Legat von Avignon, der mit Gewalt durchdringen will,
fliegt in den Rhein. Immer ausgesprochener wird der
antiklerikale Charakter dieser behäbigen Rheinstadt, sie
wird eine Trägerin des Reformgedankens und durch
das Konzil wird der Basler Dom zur Paulskirche
des fünfzehnten Jahrhunderts. Ihre Gedanken fließen
bald auch den Rhein hinab nach Straßburg, sie wan=
dern durch die Thäler des Elsaß und Breisgaus. Es
lebte jetzt ein tiefsinniges, erfinderisches Geschlecht, das
just zu Freiburg das Pulver erfunden haben will und
in Mainz eben daran ist, die ersten Bücher zu drucken.
Neben die dunkle Zunft der alten Universitäten stellt
sich hier zum ersten Mal in Deutschland die fröhliche
Schaar der Poetenschüler, der Freunde des klassischen
Alterthums, die in Bischof Dalberg von Worms
einen Herbergvater von freundlichen Sitten und libe=
raler Kasse findet. Zu Heidelberg lehrt um die Mitte
des Jahrhunderts Agrikola, der Vater der deutschen
Humanisten. Poetenschulen, wie die zu Pforzheim,
aus der Reuchlin und Melanchthon hervorgegangen, und
die zu Schlettstadt, die zu Ende des Jahrhunderts
neunhundert Hörer zählte, dürfen getrost mit den alten

Universitäten in die Schranken treten, und bestochen durch den Ruhm eines Erasmus öffnet Basel zuerst seine Hörsäle den griechischen Lektoren. Plato und Homer sollen fürder nicht mehr unter dem theologischen Bedenken leiden, daß sie in der Sprache der Schismatiker geschrieben sind. So wird das Rheinthal zum ersten Mal der Schauplatz einer großen Schulfrage, die bald genug in eine Kirchenfrage umschlug.

Denn die Partei der Bildung wurde in Deutschland rasch zu einer Partei der Aufklärung. Dem Romanen ist es gegeben, wir beneiden ihn nicht darum, auch vor Heiligthümern, von denen er sich innerlich gelöst hat, forthin die Kniee zu beugen; so stellten die italiänischen Humanisten den Glanz ihrer Diktion und das reine Latein ihrer Feder in den Dienst der Kurie. Anders in Deutschland, wo der Humanist hinter dem schlechten Lateiner den verworrenen Scholastiker, und hinter dem Scholastiker den Bettelmönch, und hinter dem Bettelmönch die Kirche entdeckte, und Todte zu Todten werfend, ehe er sich's versieht, mit der Kirche selbst gebrochen hat.

Einen überaus kecken und populären Ton hat nun gerade am Oberrhein die Partei der Aufklärung angeschlagen.

War die erste Opposition gegen die Kirche hier

von der Mystik ausgegangen, so folgt nun auf jene Kinder schwäbischer Art der aufgeweckte rheinische Bruder, der mit spitziger Zunge wohlgezielte Pfeile nach den Schäden des kirchlichen Wesens schnellt. Hier am Oberrhein treten sie der Reihe nach hervor die lustigen Personen der deutschen Satyre. Zu Straßburg Sebastian Brant, der sein Schiff aus Narragonien mit Bischöfen und Mönchen bevölkert, und Geiler von Kaisersberg, der seines Freundes Narrenschiff seinen Predigten als Text zu Grund legt. Ein Murner spottet zu Freiburg in seiner neuerfundenen „grobianischen Sprache" so lang gegen die entartete Kirche, bis die reformirte seiner Oppositionslust ein noch dankbareres Thema zu bieten scheint. Ja auch als der Geist der Zeit ernst und die Lage bedrohlich geworden, hielt der Oberrhein diesen leichten Ton fest, und Johann Fischart zu Straßburg bekämpft das „vierhörnige Jesuitenhütlein" mit Satyren, die sich mehr den Franzosen Rabelais, als deutsche Reformatoren zum Muster nehmen.

So finden wir denn eine Weile unsere oberrheinische Bevölkerung in ganz neuen Gleisen, aber ihr altes warmblütiges Herz und ihre geräuschvolle Begeisterung ist auch jetzt dieselbe geblieben. „Sie thaten nicht anders, hat der Straßburger Sebastian Bühler

von seinen Landsleuten gesagt, als ob sie voll Teufeln
wären, also hat das Evangelium in ihnen gerumpelt."
Schon zu Worms hatte Karl V das Gefühl, als ob
unheimliche Kräfte unter ihm kochten und gährten.
Trat er in sein Zimmer, so hatten sie ihm einen Zet=
tel durch's Fenster geworfen mit den Worten: „Wehe
dem Lande, dessen König ein Kind ist", und an den
Ecken der Straßen las man den Anschlag: „Schlecht
schreib ich, doch einen großen Schaden mein' ich: mit
8000 Mann Kriegsvolk, Bundschuh, Bundschuh, Bund=
schuh!" Hier am Oberrhein geschah es, daß die reli=
giöse Begeisterung zuerst umschlug in einen politischen
Freiheitstaumel. Zu Worms hatte man zuerst das
Tosen unter der Erde vernommen, aber der Ausbruch
erfolgte weiter oben. Zuerst zu Waldshut heulten die
Sturmglocken, die das Landvolk aufriefen zur Befrei=
ung Israels und zur Errichtung des messianischen
Reichs, und verderblich wälzte der Strom sich weiter durch
Schwaben und das Elsaß. Aber auch nachdem diese
ersten wilden Wasser des Bauernkriegs sich verlaufen,
bleibt eine unklare Gährung. Die Stöße wirken ge=
geneinander und brechen sich. — Hinneigung der ra=
dikalen Richtung zur klaren Entschiedenheit der Schweiz
und Zug der Schwaben zu Luther's Herzlichkeit, ver=
worrene Gesinnungstüchtigkeit der Schwarmgeister in

den Städten und tiefgewurzelte Liebe zum Alten beim
Landvolk zerren an den Herzen, und es fehlt der Füh=
rer, dem sich Alle wie dort im Norden fügten.

Dennoch ist es eine ehrenvolle und höchst bedeut=
same Stellung, die Straßburg damals einnahm. Nicht
durch seine Führung, wohl aber als Sprechsaal, war
Straßburg damals die Metropole des süddeutschen
Protestantismus. Mit seinen herrlichen Druckereien,
deren reiner eleganter Satz noch heute dem Auge wohl=
thut, und seinen großartigen Vertriebsanstalten war es ein
Stapelplatz der reformatorischen Gedanken. Alle vor=
nehmen Geister, die die Gegner nicht ertragen, und
alle heißen Köpfe, die die eigene Partei ausgestoßen,
hatten hier ein Asyl gefunden. Hier reichten Zürich,
Genf und Wittenberg sich die Hand und alle Rich=
tungen, die die gewaltige Gährung ausgeboren, waren
hier vertreten. Zwingli war hier Hausfreund und
Kalvin Gast, aber auch Karlstadt und Schwenk=
feld, Wiedertäufer und Sektirer aller Farben hatten
sich hier eingefunden und der bedeutendste der Straß=
burger Theologen, Butzer, hatte sein Leben lang ge=
nug zu thun, um alle die Gegensätze zu vermitteln,
die hier durcheinander brodelten. Aber nur der wird
wirklich vermitteln, der Alles mit sich reißt, der Geist,
der über den Wassern schwebt und sein gewaltiges: Werde!

ruft. Und der fehlte hier. Noch lange Jahrzehnte
arbeiten die Geister gegeneinander; aber gerade da,
wo die Schaumflocken am höchsten gespritzt, verlaufen
sich die Wasser am ersten. Ein Viertel Protestanten
auf dem linken, ein Drittel auf dem rechten Ufer, das
war verhältnißmäßig ein unbedeutendes Resultat einer
Bewegung, die mit so beträchtlichen geistigen Mitteln
und so gewaltigem Massenanlauf begonnen hatte, und
ungern lesen wir das Zeugniß, das nach vollendeter
Restauration im Jahr 1623 der Nuntius Caraffa den
Pfälzern ausstellt, sie hätten ihre Wiedergeburt schmerzlo=
ser überstanden als ihre östreichischen und böhmischen Brü=
der, bei denen dieselbe leider viel Blut gekostet habe. —
Wie aber ein Volk in solchen Schicksalsstunden sich
entscheidet, was es in ihnen durchsetzt durch Beharr=
lichkeit und Dauer, das ist sein Theil oft für Jahr=
hunderte. Auf der Sekularisation der geistlichen Ge=
biete, auf der Einordnung der geistlichen Thätigkeit
unter die sittlichen Zwecke des Staats beruhte damals
die Möglichkeit, lebenskräftige Gemeinwesen aufzurich=
ten. Aber weder in katholischem noch in protestanti=
schem Sinn war hier eine Entscheidung gefallen, es blieb
bei der alten Zersplitterung, und wenn nicht das Haus
Oestreich, was nach seiner Tradition, seinen Interessen
und seiner geographischen Lage fast unmöglich war,

den Schwerpunkt seiner Politik im Westen suchte, so
war das Schicksal des Oberrheins unschwer voraus
zu sagen. Trauriger und beklagenswerther ist denn auch
im folgenden Jahrhundert die Geschichte keines deutschen Landes gewesen. Noch waren die furchtbaren
Folgen des dreißigjährigen Kriegs nicht ausgeglichen,
von denen jener Schöff im Renchthal, in seinem Simplicissimus ein so lebendiges Bild entworfen hat,
noch lebte die Generation, die zum Friedensschluß 1648
zum ersten Mal Rinkharts Lied, „Nun danket alle Gott,“
aus gerührtem Herzen gesungen hatte, wie es seitdem
nie wieder.gesungen worden ist, da brachen schon in
den siebziger Jahren die Furien des Kriegs auf's Neue
über eine Bevölkerung los, die sie nur allzu wohl aus
der eigenen schaudernden Erinnerung kannte und aus
den Erzählungen ihrer Alten. Wohl ist es ein trau-
riges Loos dieses Stammes, daß er zu dem einen
Drittel seines Gebiets, das er den Schweizern gegenüber nicht hatte festhalten können, nun ein weiteres
Drittel an Frankreich verlor, aber das damalige Reich
mit seinen zahllosen Souveränetäten war nun ein Mal
nicht danach angethan, den Kampf mit dem durch
Richelieu und Mazarin centralisirten Frankreich auf-
zunehmen. Nur bleibt es ein seltsames Räthsel, wa-
rum das schwer mißhandelte Volk nicht jene Geister

patriotischen Hasses in sich entband, die sich sonst ein=
finden, wo man gesunde Volksorganismen auseinan=
der reißt. Es mag traurig sein, wenn die Fürsten=
berge ihr Vaterland verrathen und wenn man zu
Rastatt und Heidelberg Versailles nachäfft, aber be=
denklicher ist doch noch die geringe Widerstandskraft,
die das Volk selbst hier bewiesen hat. Wie oft stan=
den im Elsaß und an den Weißenburger Linien deut=
sche Heere, aber wo wäre der begeisterte Zuruf des
linken, wo der jauchzende Beifall des rechten Ufers?
Ein volles Jahrhundert des Elends hatte dieses laute
Volk still gemacht. Ein innerer Tod war eingetreten,
so daß es die ungeheuersten Dinge an sich vorüber
gehen ließ ohne innre Theilnahme. Wo waren jene
fröhlichen Massen geblieben, die noch in der Reforma=
tionszeit so geräuschvoll in Aktion getreten? Wo war
das Volk überhaupt? Das Volk hungert, es arbeitet,
es betet, und gerade am Oberrhein entwickelt sich da=
mals der Spener'sche Pietismus, der wenigstens an
den einen Grundzug der alten Oberrheiner erinnert,
aber ihr kecker Uebermuth scheint gänzlich gebrochen.
Es ist ein Treibhauswesen, das auf diesem einst so
üppigen Boden sich aufthut. An den Höfen von Ba=
den und Mannheim sehen wir die traurig lächerliche
Nachahmung der Herrlichkeit von Versailles und nicht

nur die deutschen Buchen und Hecken werden mit der französischen Scheere geschnitten, sondern auch die Pfälzer und Alemannen selbst, die doch von Haus aus für nichts Sinn haben als für Natur und Ursprünglichkeit. Und es bleibt nicht bei der äußern Façonnirung. In den Zeiten der wachsenden Aufklärung, in der die Gedanken eines Thomasius, Leibnitz und Wolf den Norden beherrschen, da haben wir den Druck vornehmer Bigotterie, nicht als Ausgeburt einer fanatischen Ueberzeugung, sondern als Nachahmung jenes gottverlassenen Hofs, bei dem das Brevier zum Fächer gehörte und man das Marterkreuz Christi als Schmuck auf den Busen hängte. Diese Glaubensverfolgungen im Kleinen aber haben das Volksleben um so tiefer vergiftet, je stümperhafter man zu Werke ging. Denn wie die Taxushecken der Favorite und zu Schwetzingen doch nur lächerliche Nachahmungen der Pracht von Versailles und St. Cloud waren, so war der Streit über Simultankirchen und gemischte Fonds nicht geeignet, die Geister der Cevennen zu entfesseln, wohl aber die Stimmung jedes einzelnen Dorfs zu verhetzen und ein leichtlebiges, fröhlich angelegtes Völkchen zu einem der faktiösesten zu machen, bei dem der Kirchenstreit sich wie eine liebgewordene Gewohnheit vom Vater auf Sohn und Enkel vererbt.

Von Bewunderung Frankreichs und dem eigenen Kirchspielszank in Anspruch genommen, blieb der Ober= rhein im achtzehnten Jahrhundert zum ersten Mal hinter der deutschen Entwickelung bedenklich zurück. Im Osten hebt sich die neue Sonne Friedrich des Großen und giebt dem Preußen die Erinnerung an Hohenfriedberg und Leuthen, dem Oberrhein die Er= innerung an Roßbach und seine Reichsarmee. Selbst auf die geistige Fähigkeit wirkt das Bastardwesen nach= theilig ein. Eine neue Literaturepoche beginnt in Sach= sen, Hannover, Schwaben, nur der Oberrhein steht zum ersten Mal bettelarm an Talenten in dieser Glanz= zeit deutschen Geistes.

Er betrachtete die Schöpfungen Karl Theodors als die goldene Zeit der Pfalz und die wasserspeien= den Vögel und Hirsche, die verschnittenen Bäume und das viele Französischplappern hat ihm Geschmack und Produktivität gleichmäßig zu Grunde gerichtet. Den Nachkommen eines Gottfried von Straßburg, eines Reinmar von Hagenau war die Lust zu singen und zu sagen abhanden gekommen. Sie hatten noch zu viel damit zu thun, den richtigen Accent zu erlernen, deutsch oder französisch schöpferisch zu sein.

Und doch waren sie dieselben geblieben. Ja es sind dieselben ewigen Kinder, die zu Ende des acht=

3*

zehnten Jahrhunderts um den Freiheitsbaum springen, dieselben leidenschaftlichen Massen, die dem blutigen St. Just und Eulogius Schneider zujauchzen, wie sie einst mit Emiko von Leiningen und dem Priester Gottschalk nach dem Judenviertel stürmten,. und in denen im sechszehnten Jahrhundert das Evangelium so über die Maßen „gerumpelt" hat. Auch ist es uns fast wohl dabei, daß sie die Allongeperrücken in die Lüfte werfen und sich die Jakobinermütze auf's Haupt stülpen, die ihnen doch natürlicher steht. Man hat es freilich dem Oberrhein verdacht, daß jene Klubbi=sten von Mainz und die Illuminaten der pfälzischen Geistlichkeit den Heeren der Republik zujauchzten und ein Forster den rheinischen Freistaat proklamirte, wäh=rend die Bauern des Speffart und Frankens die wel=sche Freiheit mit Heugabeln und Dreschflegeln heim=schickten. Aber nach dem ganzen Genius der Bevöl=kerung mußten ihre Pulse beim Takt der Marseillaise voller schlagen als bei dem Lied vom östreichischen Landsturm, dessen Tempo für ihr Temperament zu langsam war. Auch bedenke man, was diese Bevöl=kerung in ihrer letzten Generation hatte erdulden müs=sen. Ihr hatte kein Friedrich den Patriotismus ge=kräftigt, und vergeblich hatte sie nach dem Manne aus=geschaut, der der jesuitischen Vergiftung und dem à la

mode Wesen sein quos ego entgegengesetzt! Weder
Pietismus noch Orthodoxie hatten sich auf den Beruf
der Kirche besonnen, ein aufrechtes Volk zu erziehen.
Daß der Mensch nicht ein Stück in der Heerde sei,
sondern daß jede einzelne Seele einen ewigen Werth,
daß Jeder Anspruch habe auf Freiheit, Wahrheit und
Glück, das hatte der gemeine Mann nicht in seiner
Kirche, sondern von den Aposteln der französischen Re-
volution erfahren und nur in der Markgrafschaft hatte
ein edler Schüler Rousseaus und Speners, Karl Friedrich, zuvor schon die Bande gelockert, die den Pfälzer
noch bitter drückten. So hatte in der Pfalz gar Man-
cher mit dem Goethe'schen Richter zu bekennen:

... Daß hoch sich das Herz ihm erhoben,
Als sich der erste Glanz der neuen Sonne heranhob,
Als man hörte vom Rechte der Menschen, das Allen gemein sei,
Von der begeisternden Freiheit und von der löblichen Gleichheit.

Sympathie und Nothwendigkeit hat so den Ober-
rhein hineingerissen in jene Stellung zu Anfang des
Jahrhunderts, die wir heute als eine tief traurige em-
pfinden. Nicht mit den Namen Blücher, Scharnhorst,
Gneisenau, sondern mit den Namen Wrede, Kellermann,
Kleber steht der Oberrhein in der Geschichte unserer
Kriege verzeichnet. Daß darin doch auch ein schwe-
rer Vorwurf liege, darüber hat sich auf dem Thron

und in der Hütte nur langsam das Bewußtsein ge=
klärt. Noch vor zehn Jahren waren unzählige Wirths=
stuben in der Pfalz und im Schwarzwald mit den
Bildern von Austerlitz und Jena „geziert", und noch
täglich sehen wir in Heidelberg das Verdienst in Erz
verherrlicht, viele Schlachten mit den Franzosen ge=
wonnen und die einzige gegen sie verloren zu haben,
durch das Wrede=Denkmal, bei dessen Anblick
sich unwillkürlich der Wunsch regt, der neue Kaiser
möge den alten Statuen auch neue Köpfe aufsetzen,
wie das im alten Rom oft der Fall war. Die Umwand=
lung von Wrede in Werder liegt ja ohnehin so nahe.

Heute würden wir es uns jedenfalls verbitten, daß
man unsere Sympathien und Auffassungen nach sol=
chen Abnormitäten bemesse. Gerade daß in allen Krie=
gen des letzten Jahrhunderts unsere Truppen gegen
Deutschland im Felde standen, macht uns doppelt froh
über ihren Antheil am Aufbau des neuen Reichs, und
läßt die thörichte Klage nicht aufkommen über die großen
Opfer an Selbstständigkeit, die die neue Ordnung for=
dere. Die theuersten Opfer hat jene Selbstständigkeit
von uns verlangt, die uns die Hälfte unseres Thales
gekostet, die unseren geistigen Aufschwung gelähmt und
Deutsche gegen Deutsche in's Feld gestellt hat. —

Aber auch im Elsaß wird eine Zeit kommen, in

der die Menschen gern schweigen werden von einer Epoche, von der heute die Steine so überlaut reden. Eine Scheidung, die Despoten der Natur der Dinge abgetrotzt, kann keine bleibenden Spuren im Volksbewußtsein zurücklassen. Das Rheinthal gehört zusammen nach Lage und Vergangenheit, und die sogenannte natürliche Grenze des Rheins hat niemals langen Bestand gehabt. Die Kelten hatten sie gegen die Deutschen nicht halten können, die um Straßburg, Speyer und Worms saßen, und die Alemannen konnten sie gegen das Kaiserreich eben so wenig halten, das seine Kastelle bei Baden, Durlach und Sinsheim aufstellte.

Wieder finden wir dann die Alemannen vom fünften Jahrhundert an auf beiden Seiten des Stroms, und die Theilung von Verdun läßt dem deutschen Ludwig wenigstens die linksrheinischen Bischofsstädte. Aber selbst diese relative Rheingrenze weicht nach kaum dreißig Jahren einer Grenze, wie wir sie heute zurückverlangen und wie sie durch neun Jahrhunderte bestand, ehe Ludwig XIV. sie durchbrach, den aber der Rhein auch nicht gehindert hat im Jahre 1629 Freiburg im Breisgau zu Frankreich zu ziehn.

Vor Allem aber gehört diese oberrheinische Bevölkerung zusammen nach Charakter und Anlage, nach Abstammung und Temperament und, wie wir sahen,

auch nach Art und Unart. Welch andere Stellung
nahm doch Straßburg ein, als es noch Vorort des
ganzen Oberrheins war, und ganz Süddeutschland auf
das Votum seiner Theologen und Rathsherrn hörte,
als es des Reiches stattliche Vormauer war und nicht
die Präfekturstadt eines Departement Bas-Rhin. Aber
auf beiden Seiten des Rheins wird man den Vortheil
davon empfinden, daß der Natur der Dinge wieder
ihr Recht wird. Dieser begabte, fröhliche und regsame
Stamm wird dann erst seine alte Originalität, Frische
und geistige Fruchtbarkeit wieder gewinnen, wenn sein
Leib wieder heil und alle seine Glieder wieder bei=
sammen sind. Dann wird Straßburg wieder seinen
Gottfried und Weißenburg seinen Otfried und Hage=
nau wieder seinen Reinmar haben, denn nur in der
eigenen Sprache ist der deutsche Geist fruchtbar.

> An's Vaterland, an's theure, schließ Dich an,
> Das halte fest mit Deinem ganzen Herzen!

Druck von Gerber & Seydel in Leipzig.